한 달 완성,
경찰 공무원'
체력시험

한 달 완성, 경찰 공무원 체력시험

초판 1쇄 인쇄 | 2020년 4월 03일
초판 1쇄 발행 | 2020년 4월 10일

지은이 | 바디컨설턴트 오재전
펴낸이 | 박영욱
펴낸곳 | (주)북오션

편 집 | 이상모
마케팅 | 최석진
디자인 | 서정희·민영선

주 소 | 서울시 마포구 월드컵로 14길 62
이메일 | bookocean@naver.com
네이버포스트 | post.naver.com/bookocean
전 화 | 편집문의: 02-325-9172   영업문의: 02-322-6709
팩 스 | 02-3143-3964

출판신고번호 | 제313-2007-000197호

ISBN 978-89-6799-526-3 (13690)

이 도서의 국립중앙도서관 출판예정도서목록(CIP)은 서지정보유통지원시스템
홈페이지(http://seoji.nl.go.kr)와 국가자료공동목록시스템
(http://www.nl.go.kr/kolisnet)에서 이용하실 수 있습니다.
(CIP제어번호: CIP2020010958)

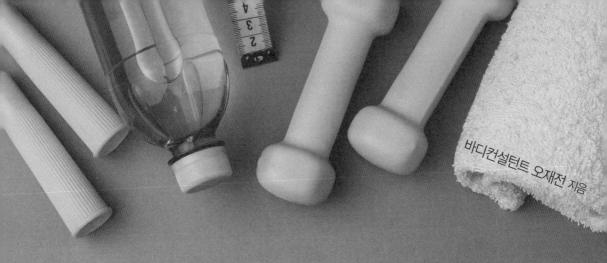

바디컨설턴트 오재전 지음

한 달 완성, 경찰 공무원 체력시험

북오션

나 자신을 알라

경찰 공무원을 준비할 때 가장 신경 쓰는 부분이 바로 필기시험과 체력시험입니다. 그중에서도 체력시험은 언제부터 준비해야 할지, 체력 학원은 꼭 다녀야 하는 건지, 혼자 체력시험을 준비하면 남들보다 뒤떨어지지나 않을지, 또 혼자 준비하면 놓치는 부분이 많지는 않을지 등등 여러 가지 문제를 고민하는 분들이 굉장히 많습니다. 대부분 고민을 반복하다 체력 학원에 등록합니다. 그러나 수많은 원생을 가르쳐야 하는 학원에서는 개개인의 몸 상태는 고려하지 않고 이미 짜인 커리큘럼대로만 교육하기 때문에 어느 정도 시간이 지나고 나면 기록 증가 같은 눈에 띄는 성과를 기대하기 어렵습니다. 심지어 내 몸 상태가 어떤지도 모르고 처음부터 남들과 똑같이 무리한 훈련 일정을 소화하다가 스트레스와 피로도가 누적돼 통증은 물론 부상을 얻게 될 위험이 큽니다. 이 상태로 무작정 따라 하다가는 한 종목만 망치는 게 아니라 체력시험 자체를 포기해야 하는 최악의 상황이 올 수 있습니다. 제대로 된 실력 발휘도 못 해보고 시험을 다음 해로 미루어야 할 수도 있죠. 그래서 가장

중요한 것이 바로 나의 몸 상태를 먼저 알고, 그에 맞는 솔루션을 갖추고 전략적으로 시험을 준비해야 합격률을 높일 수 있다는 것입니다. 이 책과 함께라면 굳이 체력 학원에 가지 않으셔도 됩니다. 혼자서 준비해도 충분히 합격할 수 있도록 개인별 맞춤 근막이완, 스트레칭법, 훈련 방법과 여러 가지 노하우를 담았습니다. 체력 학원에 다니고 계신 분이 따라 하셔도 좋습니다. 보다 앞서갈 수 있는 비법을 담고 있으니까요. 고시생에게 가장 소중한 컨디션과 시간, 돈. 이 세 가지 모두 효율적으로 아껴서 목표를 이룰 수 있도록 도와드리겠습니다. 경찰 공무원을 준비하는 모든 분들의 합격을 기원합니다.

contents

prologue 나 자신을 알라 · 4

chapter 1 **체력시험 꿀팁 이것만은 꼭 알고 하자!**

01 체력 준비는 언제부터 하는 것이 좋을까? · 12

02 운동을 무작정 똑같이 하면 안 되는 이유 · 13

03 나에게 맞는 학원 찾는 방법 · 14

04 모든 종목의 기록을 안전하고 폭발적으로 늘리고 싶다면 ○○을 강화하라 · 16

05 운동할 때 통증이 느껴지는 이유 · 17

06 운동 전/후에 먹으면 좋은 음식들 · 18

07 운동에 타고난 체질이 있을까? · 19

08 체력시험장에서 사용할 수 있는 비장의 꼼수는? · 20

09 체력 학원 여러 곳을 다니면 요령을 더 많이 배울 수 있을까? · 21

10 이론을 공부할 시간에 운동을 하는 게 더 도움되지 않을까? · 22

chapter 2 **내 몸 먼저 알기 바디체크업**

01 바디체크업 · 26

02 이 책 100퍼센트 활용하기 · 28

chapter 3   체력시험 종목별 개요 및 분석

01 100미터 달리기(초) • 32

02 1000미터 달리기(초) • 34

03 윗몸일으키기(1분) • 35

04 팔굽혀펴기(회/1분) • 37

05 악력테스트(킬로그램) • 39

chapter 4   운동 종목별 스트레칭 방법

01 폼롤러 & 라크로스볼 마사지란? • 42

02 PNF 스트레칭이란? • 44

03 100미터 달리기 • 45

비복근	대퇴사두근	햄스트링
둔근	대흉근	요방형근
기립근	삼각근	승모근
족저근		

04 1000미터 달리기 • 66

비복근	대퇴사두근	햄스트링
둔근	대흉근	요방형근
기립근	삼각근	승모근
족저근		

05 윗몸일으키기 • 87

복직근	기립근	대흉근
삼각근	광배근	대퇴사두근
전경골근		

contents

06 팔굽혀펴기 • 102

| 대흉근 | 광배근 | 삼두근 |
| 이두근 | 전완근 | |

07 악력테스트 • 113

| 전완근 | 대흉근 | 광배근 |
| 이두근 | 삼두근 | |

 **chapter 5**   체력시험 종목별 훈련 방법-1개월 완성

01 국가대표 선수들도 사용하는 뇌 도핑을 이용한
일시적 신체 능력 극대화 비법? • 126

02 100미터 달리기 • 128

| 런지 | 프론트 런지 | 무릎 피칭 |
| 플루터 킥 | | |

03 1000미터 달리기 • 136

| 악어호흡법 | 힙브릿지 | 프론트 런지 |
| 무릎 피칭 | 페이스 조절 연습 | |

04 윗몸일으키기 • 144

| 척추분절 | 더블 크런치 | 팔치기&머리치기 |
| 팔꿈치 뽑기 | | |

05 팔굽혀펴기 • 152

플랭크	풀다운 슈퍼맨	풀업 버티기
덤벨 컬	딥스	숄더 프론트 레이즈
푸쉬업		

06 악력테스트 • 164

| 풀다운 슈퍼맨 | 밴드 랫 풀 다운 | 풀업 버티기 |
| 악력기 잡기 | 악력기 버티기 | |

chapter 6 · 체력시험 종목별 훈련 방법-6개월 완성

01 100미터 달리기 · 174
스탠딩 사이드킥   힙 브릿지   런지
프론트 런지   점프 런지   점프 스쿼트
카프 레이즈   레그 레이즈   더블 크런치
바이시클 크런치

02 1000미터 달리기 · 194
악어호흡법   스탠딩 사이드킥   힙 브릿지
런지   프론트 런지   스쿼트
페이스 조절 연습

03 윗몸일으키기 · 207
롤 다운   롤 업   캣 앤 카우
크런치   레그 레이즈   더블 크런치
바이시클 크런치   변형 윗몸일으키기
윗몸일으키가+팔치기&머리치가+팔꿈치 뽑기

04 팔굽혀펴기 · 226
플랭크   풀다운 슈퍼맨   밴드 랫 풀 다운
풀업 버티기   덤벨 컬   딥스
덤벨 킥 백   숄더 프론트 레이즈   사이드 레터럴 레이즈
푸쉬업

05 악력테스트 · 244
풀다운 슈퍼맨   밴드 랫 풀 다운   풀업 버티기
악력기 잡기   악력기 버티기   덤벨 컬
딥스   덤벨 킥 백   사이드 레터럴 레이즈
추 감기

Chapter 1

체력시험 꿀팁
이것만은 꼭 알고 하자!

나의 몸 상태를 먼저 알고, 그에 맞는 솔루션을 갖추고 전략적으로
시험을 준비해야 합격률을 높일 수 있다.
이 책과 함께라면 굳이 체력 학원에 가지 않아도 된다. 혼자서 준비
해도 충분히 합격할 수 있도록 개인별 맞춤 근막이완, 스트레칭법,
훈련 방법과 여러 가지 노하우를 담았다.

01
체력 준비는
언제부터 하는 것이 좋을까?

체력 준비는 실력에 상관없이 미리 시작하는 게 좋습니다. 갑자기 준비하면 부상 위험이 높아집니다. 몸에 대해 공부하고, 정확하게 알고 나서 혼자 체력 준비를 하는 것이 좋습니다. 하지만 몸에 대해 잘 모른다면 체력 학원을 다니는 게 좋습니다. 체력 학원을 다니면 노하우를 배울 수 있고, 여러 사람과 같이 준비하다 보면 경쟁심이 생기기 때문에 혼자 준비하는 것보다 실력이 좋아질 수 있습니다. 그렇지만 체력 학원도 아무 곳이나 가서 수련하듯이 '똑같은 것을 반복하다 보면 나아지겠지' 하고 생각하면 안됩니다. 사람마다 몸 구조, 기울기, 움직일 수 있는 가동범위, 근육 밸런스 등이 전부 다르기 때문에 제대로 배우지 않고 그냥 무작정 따라 하다가 부상 위험에 매우 심하게 노출됩니다. 부상을 당하면 기록이 제대로 나올 수 없고, 심하면 시험을 보지 못하는 경우도 발생될 수 있습니다. 체력 학원도 이러한 점을 정확하게 알지 못합니다. '바디체크업'으로 자신의 몸 상태를 정확히 파악하고 문제점을 고쳐나가면서 배워야 부상 위험은 줄어들고 기록은 폭발적으로 올라갑니다.

02
운동을 무작정 똑같이 하면 안 되는 이유

경찰 공무원 시험에서 체력 종목은 정해져 있기 때문에 경찰 공무원을 준비하는 모든 사람이 거의 똑같은 훈련법으로 운동하는 모습을 쉽게 볼 수 있습니다. 과연 종목이 정해져 있다고 남들이 하는 방식대로 똑같이 운동해도 괜찮을 것 일까요? 절대 그렇지 않습니다. 앞서 말했듯이 사람마다 몸 구조, 기울기, 움직일 수 있는 가동범위, 근육의 밸런스 등이 전부 다르기 때문에 자신의 몸을 제대로 파악하지 않고 그냥 무작정 따라 하다가 부상 위험에 매우 심하게 노출됩니다. 세상 모든 사람들이 다르듯이 우리 몸도 다르고 태어나서 생활해온 패턴이 다릅니다. 이러한 상태로 남들과 똑같이 운동한다는 것은 맞지 않은 퍼즐을 억지로 끼워 맞춘다는 얘기와 같습니다. 잠깐 참고 하면 된다고 생각해 무작정 운동하면 통증이 생기게 되고, 몸의 기능이나 패턴이 다 망가질 수 있습니다. 자신의 몸 중 어떤 부분이 약한지, 또 어떤 부분이 강한지를 제대로 파악한 뒤 그에 맞춰 운동해야 합니다.

03
나에게 맞는
학원 찾는 방법

경찰 공무원 체력시험 준비를 하면서 자신에게 어떤 학원이 맞을지 찾아보는 분들이 많습니다. 보통 검색해서 알아보거나 주변 사람들의 추천과 위치 등을 고려합니다. 하지만 가장 먼저 고려할 사항은 학원이 '잘 가르치는지'입니다. 학원에 인원이 많다는 이유로 등록하고 다니는 분도 있는데, 인원이 많다고 무조건 좋은 학원은 아닙니다. 인원이 많으면 아무래도 세세하게 지도받지 못할 가능성이 높아집니다. 그러면 나의 문제점이 무엇인지 알기 어렵고, 또 놓치기 쉽습니다.

두 번째는 거리입니다. 이동 시간이 너무 오래 걸리면 에너지 소비가 커지기 때문에 피로감이 더 쌓일 수 있습니다. 그러면 컨디션 관리가 어려워집니다. 체력 훈련에는 컨디션 관리가 필수이기 때문에 되도록이면 이동 시간을 줄이고 그 시간에 쉬거나 스트레칭을 하는 게 좋습니다. 그리고 체력 훈련 시간 외에도 몸에 대한 공부를 계속 해주어야 합니다. 그래야 이해도가 높아져 부상 위험을 줄일 수 있습니다. 체력 학원도 시험 종목을 훈련하는 방법과 노하우를 알려줄 뿐이지 각자의 몸 상태를 모두 고려할 수는 없습니다. 때문에 무조건 따라 하다가 부상을 입기도 하는 것입니다. 한 마디로 나에게 맞는 학원을 찾기보다 중요한 것은 먼저 내 몸을 정확히 파악하고 이해하는 것입니다. 내 몸을 정확히 이해한 뒤 학원의 훈련 방법과 노하우를 배운다면 부상 위험은 줄어들고, 기록 또한 좋아지게 될 것입니다.

04

모든 종목의 기록을 안전하고 폭발적으로 늘리고 싶다면 ○○을 강화하라

체력시험을 준비하는 분들의 한 가지 바람은 바로 모든 종목의 기록이 폭발적으로 좋아지는 것입니다. 그런데 기록이 폭발적으로 좋아지려면 우리 몸은 그만한 대가를 치러야 합니다. 요령 없이 무작정 힘으로만 기록을 늘리려 하면 피로가 누적돼 나쁜 자세가 나오고, 이것이 부상으로 이어집니다. 이러한 위험 요소를 제거하려면 반드시 강화해야 하는 부분이 있습니다. 바로 '코어' 근육입니다. 코어 근육을 단순히 복근이나 중심부 근육이라고 생각하기 쉬우나 우리 몸의 안정성과 중심을 잡아주는 구심점 역할을 하는 매우 중요한 근육입니다. 코어 근육은 우리가 움직이는 모든 상황에서 사용되기 때문에 어떤 운동을 하더라도 반드시 강화해주어야 합니다. 코어 근육이 약하면 몸의 안정성이 무너져 특정 상황에서 힘을 제대로 발휘할 수 없게 되고, 기록을 늘리는 데 어려움을 겪게 되며 부상을 입기 쉬운 몸 상태가 됩니다. (책에 나와 있는 운동 순서에 따라) 본격적인 운동을 시작하기 전에 틈틈이 코어 강화 운동을 하는 것이 안전하게 기록을 폭발적으로 늘릴 수 있는 방법입니다.

05
운동할 때
통증이 느껴지는 이유

체력시험 준비를 하다가 도중에 통증을 느끼는 분들이 상당히 많습니다. 처음에 운동을 시작하면 당연히 나타나는 증세라고 생각해 참는 경우가 많습니다. 아픈 것을 참고 하다 보면 통증이 계속 발생하니까 파스를 붙여가며 운동하게 되고, 이렇게 참으며 했지만 또 얼마 못 가 다시 통증이 느껴져 병원을 찾게 됩니다. 이렇게 통증이 느껴지는 이유는 여러 가지겠지만 평상시에 해오던 강도와 다르게 갑자기 무리하게 몸을 쓰다가 피로 누적이 와서 발생한 통증일 가능성이 가장 큽니다. 몸에 피로 누적이 되지 않도록 평상시 마사지, 스트레칭, 제대로 된 영양소를 섭취하는 것이 좋습니다. 또 근육의 밸런스가 무너져 있어서 통증이 느껴질 가능성이 높습니다. 평상시 쓰던 근육만 썼기 때문에 잘 안 쓰던 근육을 갑자기 쓰는 과정에서 밸런스가 무너지고 통증이 발생합니다. 어디가 약한지 파악하고 그 부분을 강화하면서 운동하면 통증을 줄일 수 있습니다.

06
운동 전/후에 먹으면
좋은 음식들

    운동할 때는 식단이 굉장히 중요합니다. 충분한 영양분이 없으면 운동하다가 근육 경련이 일어날 수 있으며, 몸이 근육을 분해해서 에너지원으로 사용합니다. 그래서 평상시 영양분을 잘 섭취해주는 것이 좋습니다. 운동이란 에너지를 사용하는 과정이기 때문에 특정 시간을 제외하고는 운동 전 반드시 음식을 섭취해주는 것이 좋습니다. 하지만 아무 음식이나 먹으면 안됩니다. 추천하는 대표적인 음식이 바나나입니다. 바나나에는 칼륨이 풍부해 운동하기 한두 시간 전에 먹으면 운동 중 일어날 수 있는 근육 경련을 방지하는 데 도움을 주며, 에너지원으로 쉽게 쓰일 수 있습니다. 또 피로 회복에도 좋습니다. 바나나가 없다면 다른 과일을 먹거나 스무디로 만들어 드셔도 좋습니다. 그 외에 아몬드, 땅콩버터 등을 드시는 것도 추천합니다. 운동하고 난 뒤에는 근육이 지치고 손상돼 있습니다. 운동 후 먹으면 좋은 음식은 근육 발달에 필요한 아미노산을 포함하고 있는 달걀, 운동 후 필요한 에너지와 식이섬유질을 가지고 있는 고구마, 수분과 당을 동시에 흡수할 수 있는 꿀물 등이 있습니다.

07

운동에
타고난 체질이 있을까?

운동에 타고난 체질은 어느 정도 있습니다. 하지만 아무리 타고나도 노력 없이 좋은 실력을 갖추기는 힘듭니다. 선천적으로 타고난 것보다 후천적으로 노력하는 게 더 중요합니다. 타고난 사람들은 뒤늦게 준비해도 실력이 빨리 좋아질 가능성이 높습니다. 그렇지만 경찰 체력시험 종목이 다섯 종목이기 때문에 전부 잘하기는 힘듭니다. 그만큼 타고난 사람들도 꾸준히 노력해야 좋은 점수를 받습니다. 그리고 마음먹고 경찰 공무원 준비를 하려고 한다면 타고난 체질 같은 것은 생각하지 말고 그만큼 더 미리 준비해서 충분히 좋은 점수를 받기 바랍니다.

08
체력시험장에서 사용할 수 있는
비장의 꼼수는?

    누구나 할 수 있다면 시험을 볼 때 꼼수를 써서라도 더 좋은 기록을 받고 싶어 합니다. 하지만 정말 체력시험에도 비장의 꼼수가 있을까요? 아쉽게도 비장의 한 방 같은 꼼수는 없다고 보시면 됩니다. 약간의 노하우가 있을 뿐입니다. 그리고 정말 비장의 꼼수가 있다 하더라도 기본 체력이 있어야 가능합니다. 기본 체력이 없으면 단기간에 어느 정도 기록을 늘릴 수야 있겠지만 측정할 때마다 들쑥날쑥 할 가능성이 매우 높습니다. 한마디로 운이 따라줘야 겨우 기록이 잘 나온다는 말입니다. 기본 체력이 잡혀 있어야 부상 위험도 줄어들고 기록 또한 폭발적으로 늘릴 수 있습니다. 가장 좋은 것은 미리 엄청나게 연습해서 실수를 하더라도 상위 점수를 받을 수 있을 만큼의 실력이 되는 것입니다.

09

체력 학원 여러 곳을 다니면
요령을 더 많이 배울 수 있을까?

체력 학원마다 가르치는 노하우가 다르기 때문에 여러 곳을 다니면 요령을 많이 배울 수 있다고 생각하는 분도 있습니다. 하지만 여러 곳을 다니는 것은 중요하지 않습니다. 앞에서 요령이란 것도 어느 정도 기본 체력이 잡혀 있어야 한다고 말했습니다. 예를 들어 운동을 하려고 하는데 1분만 몸을 움직여도 모든 체력을 다 써서 힘들다고 하면 과연 운동을 얼마나 할 수 있을까요? 적어도 1분이 아닌 10분, 한 시간 정도 움직일 수 있는 체력을 만들어 놓고 운동을 해야 기록이 늘어납니다. 하지만 그 기본 체력 훈련도 단순히 '낮은 것부터 해야지'가 아닙니다. 몸 상태를 정확히 파악한 뒤 그에 맞춰 단계별로 훈련해야 합니다. 이렇게 단계별로 훈련을 해놓은 뒤 요령을 배워야 기록을 폭발적으로 늘릴 수 있습니다. 그러니 아무 체력 학원이나 가도 된다고 생각한다면 큰 오산입니다. 정확히 알고 있는 전문가에게 배워야 부상 위험도 줄어들고, 남들보다 효율적으로 기록을 올릴 수 있습니다.

10

이론을 공부할 시간에
운동을 하는 게 더 도움되지 않을까?

　이론을 공부할 시간에 운동 하나라도 더 하는 게 체력에 도움되지 않을까 하는 생각을 많이 합니다. 틀린 생각은 아닙니다. 하지만 이론을 통해 무엇이 문제이고 어떤 점에 더 집중해야 하는지 알고 나서 운동하는 쪽이 부상 위험도 줄일 수 있고, 더욱 효율적으로 기록을 늘릴 수 있습니다. 예를 들면 지금 초행길을 간다고 생각해보겠습니다. 초행길을 갔는데 목적지까지 그냥 느낌대로 무작정 가는 것이 빠를까요, 아니면 지도를 보고 정확한 방향으로 가는 게 빠를까요? 목적지까지 느낌대로 가는 것도 어느 정도 맞을 수 있겠지만, 지도를 보고 지형과 거리를 파악한 후 가는 쪽이 훨씬 더 안전하고 빠르게 갈 수 있습니다. 기록을 늘리는 면에서 운동의 양도 중요하지만 휴식과 영양도 굉장히 중요합니다. 운동만 해도 기록은 어느 정도 좋아지겠지만 그 이상으로 좋아지기 힘들 가능성이 높습니다. 그리고 무엇보다 몸이 버티지 못합니다. 이처럼 이론을 공부하고 훈련에 적용하는 것이 부상 방지와 기록 향상에 효율적으로 도움을 줍니다.

마음 자세에 도움이 되는 명언

실패란 넘어지는 것이 아니라, 넘어진 자리에 머무는 것이다.
- 도서 '프린세스, 라 브라바!'

남들보다 더 잘하려고 고민하지 마라.
지금의 나보다 잘하려고 애쓰는게 더 중요하다.
- 윌리엄 포크너

승자는 한 번 더 시도해본 패자다.
- 조지무어 주니어

비록 아무도 과거로 돌아가 새 출발은 할 수 없지만,
누구나 지금 시작해 새 엔딩을 만들 수 있다.
- 칼 바드

자기의 능력이나 실적은 생각하지 않고,
단숨에 몇 계단을 뛰어 올라가려는 사람은 성공하지 못한다
- 데일 카네기

Chapter 2

내 몸 먼저 알기
바디체크업

우리 몸의 모든 근육은 밸런스 있게 움직여야 합니다. 그래야 몸이
효율적으로 제 기능을 할 수 있고, 체력과 기록 또한 폭발적으로 올
라갈 수 있습니다. 몸을 체크하지 않고 무작정 운동만 하다가는 몸이
망가질 수 있습니다. 무엇이 문제이고 어떤 점에 더 집중해야 하는지
알고 하는 쪽이 기록을 늘릴 수 있습니다.

바디체크업

바디체크업이란 몸의 전면, 후면, 측면 자세를 동적 평가와 정적 평가를 해서 체형 불균형과 전반적인 몸 상태를 확인하는 방법입니다. 사람마다 몸 구조, 기울기, 움직일 수 있는 가동 범위, 근육의 밸런스 등이 전부 다르기 때문에 정확히 파악하는 게 중요합니다. 이러한 점들을 파악하지 않고 무작정 따라하다가는 큰 부상을 입을 수도 있습니다. 우리 몸이 움직일 때 여러 가지 근육이 밸런스 있게 움직여줘야 하는데 자신도 모르게 평상시 쓰는 근육만 주로 쓰기 때문에 기록이 어느 수준 이상 늘지 않는 겁니다. 즉, 쓰는 쪽만 계속 쓰면 근육의 강한 쪽만 강해지게 되고, 약해진 근육은 계속 약해질 수밖에 없습니다. 강해진 쪽이라도 더 강해지면 좋은 게 아니냐고 생각할 수 있는데 우리 몸에 쓸모 없는 근육은 없습니다. 쉽게 설명을 해드리자면 강해진 근육만 계속 쓰면 몸의 신경을 비정상적으로 압박해 통증이 발생합니다. 이러한 통증을 무시하고 계속 잘못된 동작을 반복하면 통증이 너무 심해져 아예 움직일 수 없는 상태가 됩니다.

우리 몸의 모든 근육은 밸런스 있게 움직여야 합니다. 그래야 몸이 효율적으로 제 기능을 할 수 있고, 체력과 기록 또한 폭발적으로 올라갈 수 있습니다. 이렇게 몸을 체크할 시간에 운동 하나라도 더 하는 게 도움이 되지 않을까 하고 조바심을 내는 분도 있습니다. 그렇다면 국가대표도 그냥 무작정 운동만 하면 되는데 왜 관리를 받을까요? 몸을 체크하지 않고 무작정 운동만 하다가는 선수 생활을 아예 끝내야 할 정도로 몸이 망가질 수 있기 때문에 상시 체크를 받으며 그에 맞게 훈련하는 것입니다. 무엇이 문제이고 어떤 점에 더 집중해야 하는지 알고 하는 쪽이 부상 위험도 줄일 수 있고, 더욱 효율적으로 기록을 늘릴 수 있습니다.

 상세한 바디체크업을 받아보고 싶을 경우 아래 메일 주소로 성함과 연락처를 남겨주세요. contact@bodyconsulting.co.kr

이 책 100퍼센트 활용하기

마사지 준비물

라크로스볼, 폼롤러

종목별 훈련 준비물

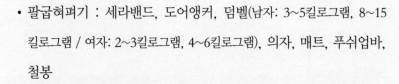

- 100미터 달리기 : 매트
- 1000미터 달리기 : 매트
- 윗몸일으키기 : 매트
- 팔굽혀펴기 : 세라밴드, 도어앵커, 덤벨(남자: 3~5킬로그램, 8~15 킬로그램 / 여자: 2~3킬로그램, 4~6킬로그램), 의자, 매트, 푸쉬업바, 철봉

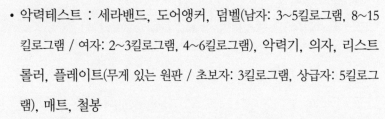

- 악력테스트 : 세라밴드, 도어앵커, 덤벨(남자: 3~5킬로그램, 8~15 킬로그램 / 여자: 2~3킬로그램, 4~6킬로그램), 악력기, 의자, 리스트 롤러, 플레이트(무게 있는 원판 / 초보자: 3킬로그램, 상급자: 5킬로그 램), 매트, 철봉

파트4를 따라 할 때, 100미터 달리기와 1000미터 달리기는 하체를 많이 쓰기 때문에 하체 위주로, 윗몸일으키기는 복부와 허리를 많이 사용하기 때문에 복부와 허리 위주로, 팔굽혀펴기는 가슴과 팔을 많이 쓰기 때문에 가슴과 팔 위주로, 악력테스트는 전완근 위주로 스트레칭과 마사지를 해주는 것이 좋습니다. 그 외에 통증이 느껴지는 부분이나 많이 뭉쳐 있는 부분을 주로 풀어주면 훈련하는 데 많은 도움이 됩니다.

1개월 완성	6개월 완성
(종목별로 주 3회 이상 추천, 마사지&스트레칭→운동 순서로 진행)	(종목별로 주 3회 이상 추천, 마사지&스트레칭→운동 순서로 진행)

1개월 완성

(종목별로 주 3회 이상 추천, 마사지&스트레칭→운동 순서로 진행)

- 100미터 달리기
  파트4 마사지&스트레칭(4~5개 선택)
  파트5 훈련 방법(2~3개 선택)

- 1000미터 달리기
  파트4 마사지&스트레칭(4~5개 선택)
  파트5 훈련 방법(2~3개 선택)

- 윗몸일으키기
  기립근 마사지&스트레칭
  파트4 마사지&스트레칭(3~4개 선택)
  파트5 훈련 방법(3가지 동작 모두)

- 팔굽혀펴기
  대흉근, 삼두근 마사지&스트레칭
  파트4 마사지&스트레칭(1개 선택)
  플랭크
  파트5 훈련 방법(3~4개 선택)

- 악력테스트(주 2~3회 추천)
  전완근 마사지&스트레칭
  파트4 마사지&스트레칭(2~3개 선택)
  악력기 버티기
  파트5 훈련 방법(2~3개 선택)

6개월 완성

(종목별로 주 3회 이상 추천, 마사지&스트레칭→운동 순서로 진행)

- 100미터 달리기
  파트4 마사지&스트레칭(4~5개 선택)
  파트6 훈련 방법(4~6개 선택)

- 1000미터 달리기
  파트4 마사지&스트레칭(4~5개 선택)
  악어호흡법, 페이스조절 연습
  파트6 훈련 방법(3~4개 선택)

- 윗몸일으키기
  기립근 마사지&스트레칭
  파트4 마사지&스트레칭(3~4개 선택)
  캣 앤 카우
  파트6 훈련 방법(4~5개)

- 팔굽혀펴기
  대흉근, 삼두근 마사지&스트레칭
  파트4 마사지&스트레칭(1개 선택)
  플랭크
  파트6 훈련 방법(4~5개 선택)

- 악력테스트
  전완근 마사지&스트레칭
  파트4 마사지&스트레칭(2~3개 선택)
  악력기 버티기
  파트6 본 훈련(4~5개 선택)

Chapter 3

체력시험 종목별 개요 및 분석

100미터 달리기, 1000미터 달리기, 윗몸일으키기, 팔굽혀펴기, 악력 테스트는 각각의 측정 기준이 있습니다. 이 측정 기준에 맞지 않으면 아무리 열심히 해도 점수를 받을 수 없습니다. 각 종목에 맞는 측정 기준을 알아보고, 조금 더 높은 점수를 받을 수 있는 기본적인 요령을 알아봅시다.

100미터 달리기(초)

남: 13초 이내, 여: 15.5초 이내(만점)

출발 자세를 많이 연습해야 합니다. 가장 좋은 방법은 트랙에서 주기적으로 출발 연습을 해보는 것입니다. 스타팅 후 보폭을 크게 하기보다 숏피칭으로 빠르게 치고 나가는 것이 중요합니다.

스파이크가 허용되기 때문에 되도록이면 일반 운동화보다 스파이크를 신는 게 좋습니다.

100미터는 처음 깃발 내리면 준비 자세를 취하고 삐 소리가 나면 출발하면 됩니다. 달리기를 잘하는 기본 조건은 탄력을 받았을 때 보폭이 넓고, 피칭 속도(발 바뀌는 속도)가 빠른 것입니다. 달리는 자세에서 상체는 너무 구부리지 말고 살짝 펴야 합니다. 또 어깨에 힘을 빼야 합니다. 그 이유는 어깨에 힘을 주면 팔 스윙이 작아지게 되고, 작아진 스윙 때문에 팔에서 사용할 수 있는 힘까지 작아져 빠르게 치고 나가지 못하기 때문입니다.

팔 스윙 시 손 위치도 중요합니다. 스윙을 할 때 손 위치는 골반보다 조금 높은 게 가장 이상적인 위치입니다. 손을 너무 높게 들어 가슴 쪽에 붙여 뛴다면 팔 스윙을 제대로 쓰지 못하고 다리 힘만 쓰게 돼 비효율적인 동작이 되어 버립니다. 100미터를 할 때 주의해야 할 사항은 근육을 폭발적으로 쓰기 때문에 부상 위험이 가장 크다는 점입니다. 부상을 예방하려면 평소 몸을 전체적으로 잘 풀어주어야 하지만 그중 특히 햄스트링을 틈틈이 스트레칭해주어야 합니다. 런지 동작과 코어, 하이 니업 동작이 원활하게 나오도록 강화해야 합니다.

 손, 상체, 하체가 포인트

1000미터 달리기(초)

남: 230초 이내, 여: 290초 이내(만점)

1000미터 달리기는 10점을 그냥 주는 종목이라 볼 수 있습니다. 꾸준히만 준비한다면 누구나 다 만점을 받을 수 있습니다. 호흡법, 달릴 때 시선 처리, 무릎 피칭, 팔과 어깨 동작을 체크해야 합니다. 가장 중요한 것은 호흡법입니다. 호흡이 안 되면 절대 오랫동안 움직일 수 없습니다. 호흡근 트레이닝이 필수입니다.

달리는 동안 너무 앞을 봐도 안되고, 또 너무 밑을 보지 않도록 해야 합니다. 무릎 피칭은 달릴 때 무릎을 자연스럽게 올리는지, 아니면 발목만 끌어당겨 올리는지 체크합니다. 달리는 동안은 팔이 부드럽게 움직이는지, 어깨는 너무 긴장하면서 뛰지 않는지 체크해야 합니다. 참고로 경찰교육원 트랙이 서울대 트랙보다 작아서 평균적으로 기록이 단축된다고 합니다.

 뛰는 동안 호흡에 문제가 있다면 안정이 될 때까지 운동을 중지하는 것이 좋습니다.

윗몸일으키기(1분)
남: 58개 이상, 여: 55개 이상(만점)

동작할 때 팔꿈치가 무릎을 넘어야 하고, 깍지 끼기, 배치기는 절대 금지입니다.

서울청은 센서가 높이 있다고 하기 때문에 정자세로 연습하는 것을 추천합니다. 참고로 특수직렬은 세 번째로 진행한다고 합니다. 팔굽혀펴기와 악력 테스트를 먼저 했을 경우, 긴장감 때문에 힘이 많이 빠지므로 체력 분배가 중요합니다. 참고로 몸무게가 1킬로그램 줄어들면 관절이 받는 하중이 몇 배로 줄어들기 때문에 체중 관리도 같이 하는 것이 좋습니다.

윗몸일으키기는 처음부터 빠르게 한다고 좋은 게 아닙니다. 처음부터 빠르면 뒤에 가서 지치는 경우가 많기 때문에 페이스를 조절하면서 꾸준히 해줘야 합니다.

동작 중에 내려갔을 때 힘을 빼면서 머리를 바닥에 튕겼다 올라오는 순간 힘을 주며 배를 말아주듯이 올라옵니다.

윗몸일으키기는 복근에 계속 힘주는 게 아닙니다. 호흡은 복부에 힘을 줄 때 순간적으로 내쉬고, 내려갈 때 들이마십니다.

참고로 팔 치기 허용 여부는 지방청마다 차이가 있습니다. 대표적으로 서울청은 팔 치기도 허용되지만 머리까지 확실히 닿아야 합니다. 각 지방청마다 개별적으로 확인해보시기를 추천합니다.

팔굽혀펴기(회/1분)
남: 58개 이상, 여: 50개 이상(만점)

팔굽혀펴기를 할 때 엉덩이를 내리면 센서에 잘 찍힙니다. 시험장마다 다르지만 고개를 숙여서 하라는 경우가 있어서 들고, 숙이고 둘 다 연습하는 것이 좋습니다. 참고로 특수직렬은 팔굽혀펴기를 가장 먼저 실시한다고 합니다.

시험장에서 요령을 못 피우게 하려고 벽과의 거리를 각목 하나 정도로 제한하는 곳도 있습니다.

시험장이 소란스럽고 센서 소리가 작기 때문에 개수가 정확하게 올라가는지 확인해야 합니다. 감독관이 생각보다 엄하게 감독하기에 처음부터 자세를 잘 잡고 하는 것이 좋습니다.

손을 꼭 센서에 맞출 필요는 없습니다. 팔굽혀펴기를 할 때는 양손의 너비를 조금 넓게 잡아야 유리합니다. 주의사항은 올라올 때 반드시 팔을 다 펴야 한다는 것입니다.

근력의 기본 원리는 큰 근육에서 큰 힘이 발생한다는 것입니다. 팔굽혀펴기는 팔(소근육) 운동이 아닌 가슴, 등, 코어 근육이 중요한 전신운동입니다. 단순히 팔 힘으로만 한다면 금방 지치고, 기록도 늘지 않습니다. 큰 근육을 함께 사용해야 개수도 늘고, 최고 속도를 낼 수 있습니다. 연습할 때 엉덩이와 다리에 힘을 줘서 등까지 힘이 들어가도록 해야 합니다. 팔굽혀펴기를 할 때 팔꿈치 통증을 느끼는 분들이 많기 때문에 평상시 마사지와 스트레칭을 틈틈이 해주는 것도 중요합니다.

악력테스트(킬로그램)

남: 61 이상, 여: 40 이상 (평균기록 측정)(만점)

측정할 때 팔을 구부리면 안됩니다. 참고로 특수직렬은 두 번째로 진행된다고 합니다. 악력을 측정할 때 측정기에 다리가 닿으면 파울입니다. 악력기를 조였다가 버티듯이 힘주는 방법으로 연습하는 것이 좋습니다. 악력기가 없다면 테니스공을 이용해도 괜찮습니다. 만약 테니스공도 없다면 철봉 매달리기를 해주시면 됩니다.

악력 테스트에 주로 쓰이는 근육인 전완근은 회복이 느리기 때문에 매일 훈련하기보다 2~3일에 한 번씩 훈련하는 것이 좋습니다. 또, 한 번 잡을 때 강하게 잡는 게 중요합니다. 이상하게 생각되겠지만 등과 코어 근육이 굉장히 중요합니다. 코어가 사용돼야 더욱 효과적으로 몸에 힘을 줄 수 있습니다. 등에 힘을 먼저 준 뒤 악력을 사용해야 기록이 잘 나옵니다. 등에 힘을 준다고 인지하는 것과 안 하고 하는 것은 엄청나게 차이가 납니다. 악력을 기르는 데는 추감기도 좋습니다. 추감기를 할 때 중요한 것은 승모근을 쓰지 않게끔 등과 어깨를 잘 고정해준 뒤 손을 어깨 높이까지 올리고 실시하는 것입니다.

Chapter 4

운동 종목별
스트레칭 방법

근막은 우리 몸 전체 근육을 감싸고 있는 거미줄 형태의 얇은 막입니다. 근막은 여러 구조물을 연결해주는 역할을 하는데, 근육이 과하게 긴장되거나, 스트레스를 받으면 손상됩니다. 폼롤러와 라크로스볼을 이용해 그 통증이 느껴지는 부분을 자가근막이완 하면 통증이 완화됩니다. 통증과 부상을 예방할 수 있으며, 더불어 기록 또한 좋아질 수 있습니다.

폼롤러 & 라크로스볼 마사지란?

　폼롤러는 가볍고 단단한 스펀지 재질로 되어 있는 긴 원기둥 형태의 소도구입니다. 라크로스볼은 테니스공만 한 크기에 단단하면서 탄성이 있는 공 형태의 소도구입니다. 폼롤러와 라크로스볼의 공통점은 자가근막이완(SMR, Self Myofascial Release)를 할 수 있다는 점입니다. 말 그대로 스스로 근막을 이완하는 것입니다.

　먼저 근막이란 우리 몸 전체 근육을 감싸고 있는 거미줄 형태의 얇은 막입니다. 우리 몸 전체 근육을 둘러싸고 있는 막이기 때문에 부위별로 나뉘어 있지 않고 전체가 하나로 연결돼 있습니다. 근막은 여러 구조물을 연결해주는 역할을 하는데, 근육이 과하게 긴장되거나, 스트레스를 받으면 근막이 손상되고 구조물 연결에 이상이 생기게 됩니다. 이 때문에 통증이 생깁니다. 체력 훈련을 하다 보면 특정 근육을 많이 쓰게 되는데, 이와 같은 상황이 지속되고 누적되면 근막이 손상되면서 구조물 연결에 이상이 생겨 통증이 발생합니다. 이럴 때 폼롤러와 라크로스볼을 이용해 그 통증이 느껴지는 부분을 자가근막이완 하면 통증이 완화됩니다. 폼롤러와 라크로스볼, 각각의 장단점이 있습니다. 폼롤러는 근막이완을 할 때 눌리는 면적이 넓기 때문에 전체적으로 풀기 좋습니다. 하지만 같은 이유 때문에 디테일하게 풀기가 어렵고, 깊게 누를 수 없습니다. 라크로스볼은 폼롤러와 반대로 깊고, 강하게 눌러줄 수 있어 디테일하게 풀 수 있습니다. 하지만 눌리는 면적이 작기 때문에 폼롤러에 비해 전체적으로 풀기 힘듭니다. 폼롤러의 단점을 라크로스볼이 보완해주고, 반대로 라크로스볼의 단점을 폼롤러가 보완해줍니다. 이 말은 폼롤러와 라크로스볼만 잘 이용한다면 체력 훈련을 하다가 생길 수 있는 통증과 부상을 예방할 수 있으며, 더불어 기록 또한 좋아질 수 있다는 뜻입니다.

PNF 스트레칭이란?

PNF란 Proprioceptive Neuromuscular Facilitation의 약자로 풀어서 얘기하면 고유수용(固有受容)성 신경근 촉진 스트레칭이라고 보시면 됩니다. PNF 스트레칭은 상호억제 작용을 이용해 신경을 교란시켜 보다 안전하고 효과적으로 근육을 사용할 수 있게 해주는 스트레칭 기법입니다. 여기서 상호억제 작용이란 예를 들어 팔을 굽히며 힘을 쓰는 동작에서 주동근(주동적으로 쓰이는 근육)인 이두근이 수축하게 되는데, 이때 뒤쪽의 길항근(주동근과 반대되는 작용을 하는 근육, 주동근이 동작을 할 때 반대에서 늘어나주는 역할)인 삼두근이 늘어나지 않으면 효과적으로 팔을 굽힐 수가 없습니다. 따라서 우리 몸은 이두근의 움직임을 위해 삼두근을 신경적으로 억제하는데 이것이 상호억제 작용입니다. PNF 스트레칭은 재활에 매우 효과가 크고, 관절 가동 범위와 유연성을 짧은 시간 안에 크게 향상시킬 수 있어서 훈련에 효과적인 준비 운동입니다. 국가대표 선수도 트레이닝할 때 많이 사용하는 스트레칭 방법 중 하나입니다.

100미터 달리기

- 비복근
- 대퇴사두근
- 햄스트링
- 둔근
- 대흉근
- 요방형근
- 기립근
- 삼각근
- 승모근
- 족저근

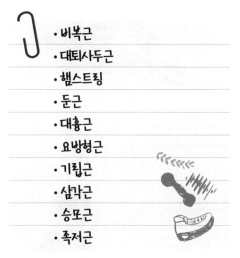

비복근 마사지

1. 다리를 쭉 펴고 앉아 종아리 부분에 라크로스볼을 놓는다.

2. 반대쪽 다리를 올려주면서 지그시 눌러준다.

**비복근
스트레칭**

1. 벽을 보고 선 뒤, 뒤꿈치를 벽에 최대한 가깝게 붙여준다.

2. 무릎을 쭉 편 상태로 유지한 뒤, 엉덩이를 벽 쪽으로 밀어주면서 동시에 바닥을 향해 발바닥을 내려주듯이 힘을 준다.

3. 반대쪽도 동일하게 해준다.

반복
10초씩 3세트

1. 엎드려서 팔꿈치를 바닥에 짚고, 폼롤러 위에 다리를 쭉 편다.

2. 다리에 힘을 최대한 빼고, 서서히 움직이면서 허벅지 앞 부분을 눌러준다.

대퇴사두근 스트레칭

1. 엎드려서 다리를 접은 뒤, 손으로 발목을 단단히 잡는다.

2. 다리는 뻗듯이 힘을 주고, 손에 다리 힘을 버틸 만큼 힘을 준다.

3. 반대쪽도 동일하게 해준다.

반복
10초씩 3세트

햄스트링 마사지

1. 다리를 쭉 펴고 앉아 허벅지 밑에 폼롤러를 놓는다.

2. 반대쪽 다리를 올려주고 힘을 뺀 뒤, 서서히 움직이면서 허벅지 뒷부분을 눌러준다.

3. 반대쪽도 동일하게 해준다.

햄스트링 스트레칭

1. 누워서 한 다리를 쭉 펴서 위로 올린 뒤, 양손으로 올린 다리를 잡는다.

2. 올린 다리를 쭉 편 상태로 유지하면서 바닥을 향해 내리려고 힘을 주고, 손은 다리 힘을 버틸 만큼 힘을 준다.

반복
10초씩 3세트

1. 무릎을 구부린 뒤 누워서 라크로스볼을 엉덩이 밑에 넣는다.

2. 공이 있는 쪽 다리를 옆으로 눕히면서 엉덩이를 지그시 눌러준다.

3. 반대쪽도 동일하게 해준다.

**둔근
스트레칭**

1. 누워서 한쪽 다리를 구부려 반대쪽 다리 무릎에 얹 어놓은 뒤, 양손으로 무릎을 잡는다.

2. 몸 쪽으로 당겨준다.

3. 반대쪽도 동일하게 해준다.

반복
10초씩 3세트

대흉근 마사지

1. 라크로스볼을 손에 들고 가슴에 놓는다.
2. 가슴 부위를 눌러주면서 좌우로 움직인다.

대흉근 스트레칭

1. 팔꿈치를 90도로 구부린 뒤, 손바닥부터 팔꿈치까지 벽에 밀착시킨다.

2. 한 발이 앞으로 나가면서 상체를 벽과 반대로 돌려주고 벽에 붙어 있는 팔에 힘을 준다(이때 가슴에 힘이 들어가는 게 느껴져야 한다).

반복
10초씩 3세트

요방형근 마사지

1. 폼롤러를 허리에 대고 눕는다.
2. 몸에 힘을 빼고 상체를 좌우로 움직이면서 허리 옆 부분을 눌러준다.

**요방형근
스트레칭**

1. 한 다리는 쭉 펴고, 반대 다리는 구부린다. 구부린 다리와 같은 방향의 팔을 쭉 편다.

2. 상체를 옆으로 기울여준다.

반복
10초씩 3세트

기립근 마사지

1. 폼롤러를 허리에 대고 머리 뒤에 깍지를 끼고 누운 뒤, 무릎을 구부려준다.

2. 폼롤러가 등부터 허리까지 눌리도록 롤링해준다.

기립근 스트레칭

1. 의자에 앉아 양손으로 목 뒤에 깍지를 껴준다.

2. 목을 아래로 쭉 잡아당겨준 뒤, 호흡을 내뱉으면서 등을 늘려준다(목을 당겨주는 느낌보다는 등이 펴지는 느낌으로 동작해야 한다).

반복
30초씩 3세트

1. 라크로스볼을 삼각근에 대고 벽을 향해 상체를 눌러준다.

2. 전면/측면/후면이 눌리도록 상체를 앞/옆/뒤 골고루 돌려준다.

3. 반대쪽도 동일하게 해준다.

삼각근 스트레칭

1. 한쪽 팔을 쭉 편 뒤, 안쪽으로 넘겨준다.

2. 다른 팔을 90도로 구부린 뒤, 쭉 편 팔의 팔꿈치를 잡고 몸 쪽으로 당겨준다. 이때, 쭉 편 팔은 팔꿈치를 밀어내듯이 힘을 준다.

3. 반대쪽도 동일하게 해준다.

반복
10초씩 3세트

승모근 마사지

1. 라크로스볼을 어깨에 대고, 벽을 향해서 자세를 숙여준다(이때 쇄골뼈, 날개뼈를 누르면 안 된다).

2. 몸을 지그시 벽을 향해 밀어준다.

3. 반대쪽도 동일하게 해준다.

승모근 스트레칭

1. 한 팔을 뒷짐 지고, 다른 손으로 머리를 잡아준다.

2. 손으로 머리를 지그시 당겨주고, 머리는 당기는 손과 반대 방향으로 살짝 힘을 준다.

3. 반대쪽도 동일하게 해준다.

반복
10초씩 3세트

족저근 마사지

1. 볼을 바닥에 놓고 발로 밟듯이 굴리면서 눌러준다.
2. 반대쪽도 동일하게 해준다.

1. 벽 앞에 서서 한쪽 다리를 뒤로 쭉 뻗는다.

2. 벽을 밀듯이 힘을 주며, 뻗은 다리의 뒤꿈치가 바닥에 닿도록 한다.

3. 반대쪽도 동일하게 해준다.

반복
10초씩 3세트

1000미터 달리기

- 비복근
- 대퇴사두근
- 햄스트링
- 둔근
- 대흉근
- 요방형근
- 기립근
- 삼각근
- 승모근
- 족저근

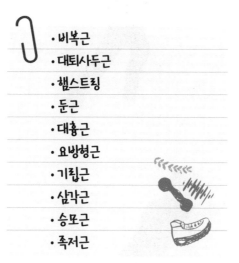

비복근 마사지

1. 다리를 쭉 펴고 앉아 종아리 부분에 라크로스볼을 놓는다.

2. 반대쪽 다리를 올려주면서 지그시 눌러준다.

1. 벽을 보고 선 뒤, 뒤꿈치를 벽에 최대한 가깝게 붙여준다.

2. 무릎을 쭉 편 상태로 유지한 뒤, 엉덩이를 벽 쪽으로 밀어주면서 동시에 바닥을 향해 발바닥을 내려주듯이 힘을 준다.

3. 반대쪽도 동일하게 해준다.

반복
10초씩 5세트

1. 엎드려서 팔꿈치를 바닥에 짚고, 폼롤러 위에 다리를 쭉 편다.

2. 다리에 힘을 최대한 빼고, 서서히 움직이면서 허벅지 앞 부분을 눌러준다.

대퇴사두근 스트레칭

1. 엎드려서 다리를 접은 뒤, 손으로 발목을 단단히 잡는다.

2. 다리는 뻗듯이 힘을 주고, 손은 다리 힘을 버틸 만큼 힘을 준다.

3. 반대쪽도 동일하게 해준다.

반복
10초씩 5세트

1. 다리를 쭉 펴고 앉아 허벅지 밑에 폼롤러를 놓는다.

2. 반대쪽 다리를 올려주고 힘을 뺀 뒤, 서서히 움직이면서 허벅지 뒷부분을 눌러준다.

3. 반대쪽도 동일하게 해준다.

햄스트링 스트레칭

1. 누워서 한 다리를 쭉 펴서 위로 올린 뒤, 양손으로 올린 다리를 잡는다.

2. 올린 다리를 쭉 편 상태로 유지하면서 바닥을 향해 내리듯이 힘을 주고, 손은 다리 힘을 버틸 만큼 힘을 준다.

반복
10초씩 5세트

둔근 마사지

1. 무릎을 구부린 뒤 누워서 라크로스볼을 엉덩이 밑에 넣는다.

2. 공이 있는 쪽 다리를 옆으로 눕히면서 엉덩이를 지그시 눌러준다.

3. 반대쪽도 동일하게 해준다.

1. 누워서 한쪽 다리를 구부려 반대쪽 다리 무릎에 얹어놓은 뒤, 양손으로 무릎을 잡는다.

2. 몸 쪽으로 당겨준다.

3. 반대쪽도 동일하게 해준다.

반복
10초씩 5세트

대흉근 마사지

1. 라크로스볼을 손에 들고 가슴에 놓는다.
2. 가슴 부위를 눌러주면서 좌우로 움직인다.

대흉근 스트레칭

1. 팔꿈치를 90도로 구부린 뒤, 손바닥부터 팔꿈치까지 벽에 밀착한다.

2. 한 발이 앞으로 나가면서 상체를 벽과 반대로 돌려주고 벽에 붙어 있는 팔에 힘을 준다(이때 가슴에 힘이 들어가는 게 느껴져야 한다).

반복
10초씩 5세트

요방형근 마사지

1. 폼롤러를 허리에 대고 눕는다.

2. 몸에 힘을 빼고 상체를 좌우로 움직이면서 허리 옆 부분을 눌러준다.

1. 한 다리는 쭉 펴고, 반대 다리는 구부린다. 구부린 다리와 같은 방향의 팔을 쭉 편다.
2. 상체를 옆으로 기울여준다.

반복
10초씩 5세트

기립근 마사지

1. 폼롤러를 허리에 대고 머리 뒤에 깍지를 끼고 누운 뒤, 무릎을 구부려준다.

2. 폼롤러가 등부터 허리까지 눌리도록 롤링해준다.

기립근 스트레칭

1. 의자에 앉아 양손으로 목 뒤에 깍지를 껴준다.

2. 목을 아래로 쭉 잡아당겨준 뒤, 호흡을 내뱉으면서 등을 늘려준다(목을 당겨주는 느낌보다는 등이 펴지는 느낌으로 동작해야 한다).

반복
30초씩 5세트

삼각근 마사지

1. 라크로스볼을 삼각근에 대고 벽을 향해 상체를 눌러준다.

2. 전면/측면/후면이 눌리도록 상체를 앞/옆/뒤 골고루 돌려준다.

3. 반대쪽도 동일하게 해준다.

삼각근 스트레칭

1. 한쪽 팔을 쭉 편 뒤, 안쪽으로 넘겨준다.

2. 다른 팔을 90도로 구부린 뒤, 쭉 편 팔의 팔꿈치를 잡고 몸 쪽으로 당겨준다. 이때, 쭉 편 팔은 팔꿈치를 밀어내듯이 힘을 준다.

3. 반대쪽도 동일하게 해준다.

반복
10초씩 5세트

승모근 마사지

1. 라크로스볼을 어깨에 대고, 벽을 향해서 자세를 숙여준다(이때 쇄골뼈, 날개뼈를 누르면 안 된다).

2. 몸을 벽을 향해 지그시 밀어준다.

3. 반대쪽도 동일하게 해준다.

승모근 스트레칭

1. 한 팔을 뒷짐 지고, 다른 손으로 머리를 잡아준다.

2. 손으로 머리를 지그시 당겨주고, 머리는 당기는 손과 반대 방향으로 살짝 힘을 준다.

3. 반대쪽도 동일하게 해준다.

반복
10초씩 5세트

1. 볼을 바닥에 놓고 발로 밟듯이 굴리면서 눌러준다.
2. 반대쪽도 동일하게 해준다.

족저근 스트레칭

1. 벽 앞에 서서 한쪽 다리를 뒤로 쭉 뻗는다.

2. 벽을 밀듯이 힘을 주며, 뻗은 다리의 뒤꿈치가 바닥에 닿도록 한다.

3. 반대쪽도 동일하게 해준다.

반복
10초씩 5세트

윗몸일으키기

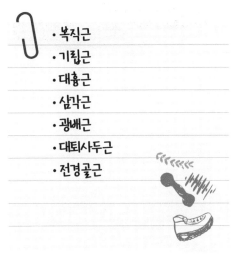

- 복직근
- 기립근
- 대흉근
- 삼각근
- 광배근
- 대퇴사두근
- 전경골근

1. 폼롤러를 바닥에 놓고, 그 위에 복부를 대고 엎드린다.

2. 갈비뼈가 심하게 눌리지 않도록 조금씩 움직인다.

복직근
스트레칭

1. 바닥에 엎드린 뒤, 어깨 밑에 손을 댄다.
2. 손바닥으로 바닥을 밀듯이 상체를 세워준다.

반복
10초씩 3세트

기립근 마사지

1. 폼롤러를 허리에 대고 머리 뒤에 깍지를 끼고 누운 뒤, 무릎을 구부려준다.

2. 폼롤러가 등부터 허리까지 눌리도록 롤링해준다.

기립근
스트레칭

1. 의자에 앉아 양손으로 목 뒤에 깍지를 껴준다.

2. 목을 아래로 쭉 잡아당겨준 뒤, 호흡을 내뱉으면서 등을 늘려준다(목을 당겨주는 느낌보다는 등이 펴지는 느낌으로 동작해야 한다).

반복
30초씩 3세트

대흉근 마사지

1. 라크로스볼을 손에 들고 가슴에 놓는다.
2. 가슴 부위를 눌러주면서 좌우로 움직여준다.
3. 반대쪽도 동일하게 해준다.

대흉근 스트레칭

1. 팔꿈치를 90도로 구부린 뒤, 손바닥부터 팔꿈치까지 벽에 밀착한다.

2. 한 발이 앞으로 나가면서 상체를 벽과 반대로 돌려주고 벽에 붙어 있는 팔에 힘을 준다(이때 가슴에 힘이 들어가는 게 느껴져야 한다).

3. 반대쪽도 동일하게 해준다.

반복
10초씩 3세트

1. 라크로스볼을 삼각근에 대고 벽을 향해 상체를 눌러준다.

2. 전면/측면/후면이 눌리도록 상체를 앞/옆/뒤 골고루 돌려준다.

3. 반대쪽도 동일하게 해준다.

삼각근 스트레칭

1. 한쪽 팔을 쭉 편 뒤, 안쪽으로 넘겨준다.

2. 다른 팔을 90도로 구부린 뒤, 쭉 편 팔의 팔꿈치를 잡고 몸 쪽으로 당겨준다. 이때, 쭉 편 팔은 팔꿈치를 밀어내듯이 힘을 준다.

3. 반대쪽도 동일하게 해준다.

반복
10초씩 3세트

**광배근
마사지**

1. 옆으로 누워 폼롤러를 겨드랑이 밑에 둔다.

2. 누르고 있는 팔에 힘을 빼고, 상체를 앞뒤로 움직이
   며 눌러준다.

3. 반대쪽도 동일하게 해준다.

광배근 스트레칭

1. 무릎을 꿇고 바닥에 엎드린 뒤, 팔을 앞으로 쭉 뻗어 준다.

2. 엉덩이와 허리가 움직이지 않도록 고정한 뒤, 양팔을 옆으로 최대한 뻗어준다.

3. 반대쪽도 동일하게 해준다.

반복
10초씩 3세트

1. 엎드려서 팔꿈치를 바닥에 짚고, 폼롤러 위에 다리를 쭉 편다.

2. 다리에 힘을 최대한 빼고, 서서히 움직이면서 허벅지 앞 부분을 눌러준다.

1. 엎드려서 다리를 접은 뒤, 손으로 발목을 단단히 잡는다.

2. 다리는 뻗듯이 힘을 주고, 손은 다리 힘을 버틸 만큼 힘을 준다.

3. 반대쪽도 동일하게 해준다.

반복
10초씩 3세트

1. 무릎을 세우고 앉는다.

2. 정강이뼈 바깥 부분에 공을 대고 양손으로 눌러준다.

3. 반대쪽도 동일하게 해준다.

1. 무릎을 꿇고 앉는다.

2. 상체를 약간 뒤로 젖혀준다.

반복
10초씩 3세트

팔굽혀펴기

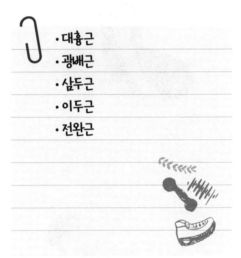

- 대흉근
- 광배근
- 삼두근
- 이두근
- 전완근

대흉근 마사지

1. 라크로스볼을 손에 들고 가슴에 놓는다.

2. 가슴 부위를 눌러주면서 좌우로 움직여준다.

3. 반대쪽도 동일하게 해준다.

대흉근 스트레칭

1. 팔꿈치를 90도로 구부린 뒤, 손바닥부터 팔꿈치까지 벽에 밀착한다.

2. 한 발이 앞으로 나가면서 상체를 벽과 반대로 돌려주고 벽에 붙어 있는 팔에 힘을 준다(이때 가슴에 힘이 들어가는 게 느껴져야 한다).

3. 반대쪽도 동일하게 해준다.

반복
10초씩 3세트

광배근
마사지

1. 옆으로 누워 폼롤러를 겨드랑이 밑에 둔다.

2. 누르고 있는 팔에 힘을 빼고, 상체를 앞뒤로 움직이
   며 눌러준다.

3. 반대쪽도 동일하게 해준다.

1. 무릎을 꿇고 바닥에 엎드린 뒤, 팔을 앞으로 쭉 뻗어 준다.
2. 엉덩이와 허리가 움직이지 않도록 고정한 뒤, 양팔을 옆으로 최대한 뻗어준다.
3. 반대쪽도 동일하게 해준다.

반복
10초씩 3세트

삼두근 마사지

1. 엎드려서 팔을 위로 뻗고, 삼두근 밑에 폼롤러를 놓는다.

2. 위아래로 살짝 움직여주면서 삼두근을 골고루 풀어준다.

3. 반대쪽도 동일하게 해준다.

1. 한쪽 팔을 머리 뒤로 굽혀준다.
2. 다른 한쪽 팔로 굽힌 팔의 팔꿈치를 잡고 당겨준다.
3. 반대쪽도 동일하게 해준다.

반복
10초씩 3세트

이두근 마사지

1. 한쪽 팔은 힘을 빼고 내려둔다.

2. 다른 한쪽 손으로 볼을 이용하여 이두근을 눌러준다.

3. 반대쪽도 동일하게 해준다.

이두근 스트레칭

1. 팔을 쭉 펴준 뒤, 손바닥을 벽에 밀착시킨다.

2. 한 발이 앞으로 나가면서 상체를 벽과 반대로 돌려주고 벽을 짚은 팔에 힘을 준다.

3. 반대쪽도 동일하게 해준다.

반복
10초씩 3세트

1. 한쪽 팔은 힘을 빼준다.

2. 다른 한쪽 손으로 볼을 이용하여 전완근을 눌러준다.

3. 반대쪽도 동일하게 해준다.

1. 손바닥이 앞을 바라보도록 팔을 펴고 손목을 꺾어
   준 뒤, 반대 손으로 꺾은 손목의 손바닥을 잡는다.

2. 손바닥을 꺾듯이 몸 쪽을 향해 지그시 당겨준다.

3. 반대쪽도 동일하게 해준다.

반복
10초씩 3세트

악력테스트

- 전완근
- 대흉근
- 광배근
- 이두근
- 삼두근

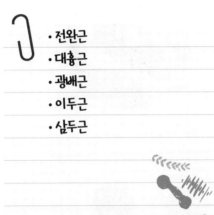

전완근
마사지

1. 한쪽 팔은 힘을 빼준다.

2. 다른 한쪽 손으로 볼을 이용하여 전완근을 눌러준다.

3 반대쪽도 동일하게 해준다.

**전완근
스트레칭**

1. 손바닥이 앞을 바라보도록 팔을 펴고 손목을 꺾어 준 뒤, 반대 손으로 꺾은 손목의 손바닥을 잡는다.

2. 손바닥을 꺾듯이 몸 쪽을 향해 지그시 당겨준다.

3. 반대쪽도 동일하게 해준다.

반복
10초씩 2세트

1. 라크로스볼을 손에 들고 가슴에 놓는다.

2. 가슴 부위를 눌러주면서 좌우로 움직여준다.

3. 반대쪽도 동일하게 해준다.

대흉근 스트레칭

1. 팔꿈치를 90도로 구부린 뒤, 손바닥부터 팔꿈치까지 벽에 밀착한다.

2. 한 발이 앞으로 나가면서 상체를 벽과 반대로 돌려주고 벽에 붙어 있는 팔에 힘을 준다(이때 가슴에 힘이 들어가는 게 느껴져야 한다).

3. 반대쪽도 동일하게 해준다.

반복
10초씩 3세트

광배근
마사지

1. 옆으로 누워 폼롤러를 겨드랑이 밑에 둔다.

2. 누르고 있는 팔에 힘을 빼고, 상체를 앞뒤로 움직이며 눌러준다.

3. 반대쪽도 동일하게 해준다.

1. 무릎을 꿇고 바닥에 엎드린 뒤, 팔을 앞으로 쭉 뻗어준다.

2. 엉덩이와 허리가 움직이지 않도록 고정한 뒤, 양팔을 옆으로 최대한 뻗어준다.

3. 반대쪽도 동일하게 해준다.

반복
10초씩 3세트

1. 한쪽 팔은 힘을 빼고 내려둔다.

2. 다른 한쪽 손으로 볼을 이용하여 이두근을 눌러준다.

3. 반대쪽도 동일하게 해준다.

이두근 스트레칭

1. 팔을 쭉 펴준 뒤, 손바닥을 벽에 밀착한다.

2. 한 발이 앞으로 나가면서 상체를 벽과 반대로 돌려주고 벽을 짚은 팔에 힘을 준다.

3. 반대쪽도 동일하게 해준다.

반복
10초씩 3세트

삼두근 마사지

1. 엎드려서 팔을 위로 뻗고, 삼두근 밑에 폼롤러를 놓는다.

2. 위아래로 살짝 움직여주면서 삼두근을 골고루 풀어준다.

3. 반대쪽도 동일하게 해준다.

삼두근 스트레칭

1. 한쪽 팔을 머리 뒤로 굽혀준다.

2. 다른 한쪽 팔로 굽힌 팔의 팔꿈치를 잡고 당겨준다.

3. 반대쪽도 동일하게 해준다.

반복
10초씩 3세트

Chapter 5

체력시험 종목별
훈련 방법-1개월 완성

종목별로 주 3회 이상 운동하세요. 운동순서는 마사지&스트레칭→운동입니다. 4장을 보고 마사지와 스트레칭을 한 다음 이 장의 훈련 방법 2~3가지를 선택해서 실행하시면 1개월 안에 체력시험 준비를 할수 있습니다.

국가대표 선수들도 사용하는 뇌 도핑을 이용한 일시적 신체 능력 극대화 비법?

체력 훈련이나 시험을 볼 때 일시적으로 신체 능력을 극대화할 방법이 있다면 얼마나 좋을까요? 실제 뇌 도핑을 활용해 일시적으로 자신의 신체 능력을 거의 두 배까지 극대화하는 비법이 있습니다. 그 비법은 바로 '음악'입니다. 일상에서도 음악은 기분에 많은 영향을 미칩니다. 기분 좋을 때 신나는 음악을 들으면 더욱 신나고, 우울할 때 슬픈 음악을 들으면 더욱 슬퍼집니다. 영국 스포츠 과학자들이 음악의 박자가 정상적일 때와 10퍼센트 빠르게, 10퍼센트 느리게 해서 곡을 듣도록 한 뒤 심장박동, 운동 수행능력, 피로 누적도 등을 테스트했습니다. 그 결과 박자가 느려졌을 때 심장박동 수가 줄어들고 운동 수행 능력도 떨어졌으나, 박자가 빨라졌을 때는 심장박동은 물론 운동 수행 능력 또한 증가했습니다. 또 2010년 〈스칸디나비아 스포츠의학 및 과학저널(SJMSS)〉 8월호에 실린 연구 보고서에 따르면 음악이 운동 효과에 미치는 영향은 상당하다고 합니다. 음악은 근력, 호흡, 심박수, 혈압, 호르몬에 영향을 주며 생리적으로 근육의 반사작용을 일으켜 피로를 잊게 해주기 때문에 운동 효과를 높인다고 합니다. 실제로 유명한 선수들이 시합 전에 음악을 듣는 모습을 쉽게 볼 수 있습니다. 선수들도 긴장을 풀려고, 또는 감정을 컨트롤하려고 많이 듣습니다. 이처럼 음악을 훈련할 때나 운동할 때, 또는 시험을 보기 전에 들으면 위험을 감수하면서 대범한 행동을 더 많이 하고, 더불어 신체 능력이 극대화된다는 연구 결과가 있습니다. 또 근력, 호흡, 심박수, 혈압, 호르몬에 영향을 주며 생리적으로 근육의 반사작용을 일으켜 피로를 잊게 해주기 때문에 운동효과를 높인다고 합니다. 하지만 이와 같은 효과는 자신이 좋아하고 직접 선택한 음악을 들었을 경우에만 나타납니다. 경찰 공무원 체력 종목의 특성상 훈련하기 전과 시험보기 전에 자신이 가장 좋아하고 신나는 음악을 듣는다면 평상시보다 신체 능력이 높아져 기록 또한 잘 나올 것입니다.

100미터 달리기

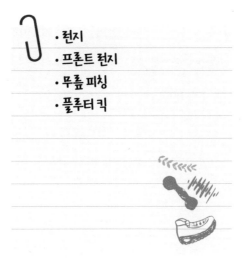

- 런지
- 프론트 런지
- 무릎 피칭
- 플루터 킥

런지

1. 다리를 앞뒤로 벌려 선다.

2. 앞에 있는 다리의 무릎 각도가 90도가 되게끔 앉았다 일어난다.
   앉았을 때 뒷 무릎이 바닥에 닿지 않도록 한다.

호흡

내려갈 때 들이마신다.
올라올 때 숨을 참고 다 올라왔을 때 내쉰다.

반복
한쪽당 30회씩
3세트

프론트 런지

1. 앞에 있는 다리의 무릎 각도가 90도가 되게끔 앉아 준다.
   앉았을 때 뒷 무릎이 바닥에 닿지 않도록 한다.

호흡

내려갈 때 들이마신다.
올라올 때 내쉰다.

2. 뒷 다리를 앞으로 걷듯이 가져오면서 1번 동작처럼 무릎 각도가 90도가 되게끔 앉아준다.

공간이 부족하다면 서 있는 자세에서 한 발씩 앞으로 뻗으면서 런지 자세를 만든 뒤 다시 제자리로 돌아오는 동작을 반복한다.

반복
왕복 40회씩
5세트

1. 제자리에서 무릎을 골반 높이 이상으로 올리면서 최대한 빠르게 뛴다.

호흡

최대한 빠르게 들이마시고, 길게 내쉰다.

반복
30초씩 5세트

플루터 킥

1. 누워서 엉덩이 밑에 손을 넣은 뒤, 다리를 45도로 유지한다.

호흡

자연스럽게 들이쉬고 내쉰다.

2. 양 다리를 위 아래로 교차하면서 빠르게 움직인다.
이때 허리가 뜨면 안 된다. 허리가 바닥에 닿도록 최대한 눌러준다.

반복
100회 3세트

1000미터 달리기

- 악어호흡법
- 힙브릿지
- 프론트 런지
- 무릎 피칭
- 페이스 조절 연습

악어 호흡법

호흡근 트레이닝 – 횡격막 강화

1. 엎드린 자세에서 이마를 손으로 받쳐준다.

2. 코로 숨을 최대한 크게 들이마신다.

3. 들이마신 숨을 전부 다 길게 내쉰다.

반복
20회씩 3세트

힙 브릿지

1. 누워서 무릎을 세운 뒤 다리를 어깨 넓이로 벌린다. 발과 무릎의 간격은 같아야 한다.

2. 어깨, 골반, 무릎까지 평행이 되도록 엉덩이를 올려 준다.

호흡

올라갈 때 내쉰다.
내려올 때 들이마신다.

허리가 꺾이지 않게 올린다.

프론트 런지

1. 앞에 있는 다리의 무릎 각도가 90도가 되게끔 앉아 준다.
   앉았을 때 뒷 무릎이 바닥에 닿지 않도록 한다.

호흡

내려갈 때 들이마신다.
올라올 때 내쉰다.

2. 뒷 다리를 앞으로 걷듯이 가져오면서 1번 동작처럼 무릎 각도가 90도가 되게끔 앉아준다.

공간이 부족하다면 서 있는 자세에서 한 발씩 앞으로 뻗으면서 런지 자세를 만든 뒤 다시 제자리로 돌아오는 동작을 반복한다.

반복
왕복 40회씩
5세트

무릎 피칭

1. 제자리에서 무릎을 골반 높이 이상으로 올리면서 빠르게 뛴다.

호흡

최대한 빠르게 들이마시고, 길게 내쉰다.

반복
1분씩 10세트

페이스 조절 연습

1. 1000미터는 처음부터 빠르게 뛰면 금방 지쳐버린다.

2. 먼저 자신의 체력 상태와 뛰는 페이스를 아는 게 중요하다.

3. 뛰면서 속도를 조금씩 끌어올리는 것이 이상적이다.

4. 뛸 때 호흡이 제대로 안 된다면 내 페이스보다 너무 빠르다는 것이니, 속도를 조금 줄여서 뛴다.
   호흡이 안정되면 다시 속도를 조금 높여 뛴다.

윗몸일으키기

- 척추분절
- 더블 크런치
- 팔치기&머리치기
- 팔꿈치 뽑기

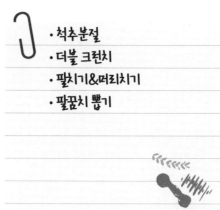

척추 분절

1. 네발기기 자세를 만든 뒤, 허리를 내려준다.
2. 천천히 허리를 둥글게 말아준다.

호흡

허리를 둥글게 말아줄 때 내쉰다.
내려줄 때 들이마신다.

**반복
20회씩 5세트**

1. 손 머리 깍지를 한 뒤, 양 다리는 45도로 뻗어준다.

무릎과 팔꿈치를 모아줄 때 호흡을 내쉰다.
다리를 뻗어줄 때 들이마신다.

2. 양 팔꿈치와 양 무릎이 닿도록 모아준다.

반복
50회씩 5세트

**팔치기&
머리치기**

1. 윗몸일으키기 동작에서 상체 힘을 빼고 내려올 때
   순간적으로 머리를 바닥에 쳐준다.

2. 양팔도 벌리면서 바닥을 쳐주는 동시에 바로 올라온다.
   기술 부분이므로 매번 윗몸일으키기 연습을 할 때 반복한다.

호흡

내려올 때 들이마신다.
올라갈 때 내쉰다.

팔꿈치 뽑기

1. 윗몸일으키기 동작에서 중간 정도까지 올라왔을 때
팔꿈치를 앞으로 쭉 뽑아서 올려준다.

기술 부분이므로 매번 윗몸일으키기 연습을 할 때 반복한다.

호흡

팔꿈치를 앞으로 뽑을 때 내쉰다.

팔굽혀펴기

- 플랭크
- 풀다운 슈퍼맨
- 풀업 버티기
- 덤벨컬
- 딥스
- 숄더 프론트 레이즈
- 푸쉬업

플랭크

1. 어깨와 팔꿈치가 수직이 되도록 유지한 후 다리를 뻗어준다.

반복
3분 이내,
5~10세트

호흡

자연스럽게 들이마신 뒤,
강하게 내쉰다.

머리가 떨어지지 않게 유지한다.

허리가 꺾이지 않게 최대한 유지한다.

풀다운
슈퍼맨

1. 바닥에 엎드린 뒤 팔과 다리를 쭉 편다.

호흡

당길 때 내쉰다.
돌아올 때 들이마신다.

2. 양 팔꿈치를 등 뒤로 당겨주면서 상체를 살짝 들어준 뒤 제자리.
이때 다리는 고정한다.

반복
20회씩 5세트

허리를 과하게 꺾으면 안 된다. ✖

풀업 버티기

1. 양손을 어깨 넓이만큼 잡는다.

2. 상체를 들어주면서 최고점에서 버틴다.
   최고점에 올라갔을 때 어깨가 으쓱하지 않도록 버틴다.

✕

손등이 보이게끔 잡는다.

호흡

버티면서 자연스럽게 들이내쉰다.

할 수 있는 만큼 최대한 버틴다.
단, 자세가 무너지지 않는 선에서 버틴다.

덤벨 컬

1. 양손으로 덤벨을 잡는다.

2. 팔꿈치를 고정한 뒤, 양팔을 동시에 구부려 올려준다.

3. 제자리로 돌아온다.

호흡

올릴 때 내쉰다.
내릴 때 들이마신다.

반복
30회씩 5세트

딥스

1. 잘 고정된 의자를 잡고 다리를 쭉 뻗어준다.
2. 팔꿈치를 굽히면서 천천히 내려갔다가 다시 제자리로 돌아온다.

호흡

내릴 때 들이마신다.
올릴 때 내쉰다.

반복
30회 5세트

솔더 프론
트 레이즈

1. 덤벨을 잡고 손등이 앞을 향하도록 선다.
   덤벨은 너무 무겁지 않은 무게로 한다.

호흡

올릴 때 내쉰다.
내릴 때 들이마신다.

2. 손이 어깨 높이까지 오도록 덤벨을 들어준다.
   손등이 하늘을 향해야 한다.

반복
30회 4세트

푸쉬업

1. 팔을 펴고 바닥과 수직을 유지한 후, 다리를 뻗어준다.
   이때, 손을 어깨보다 넓게 짚어준다.

2. 가슴을 바닥에 가져다주듯이 천천히 내려간다.

3. 손바닥으로 바닥을 밀 듯이 상체를 올려준다.

반복
50회씩 5세트

내려갈 때 들이마신다.
올라올 때 숨을 참아놓고, 다 올라왔을 때 내쉰다.

악력테스트

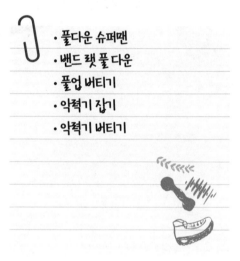

- 풀다운 슈퍼맨
- 밴드 랫 풀 다운
- 풀업 버티기
- 악력기 잡기
- 악력기 버티기

풀다운 슈퍼맨

1. 바닥에 엎드린 뒤 팔과 다리를 쭉 편다.

2. 양 팔꿈치를 등 뒤로 당겨주면서 상체를 살짝 들어 준 뒤 제자리. 이때 다리는 고정한다.

반복
20회씩 5세트

호흡

당길 때 내쉰다.
돌아올 때 들이마신다.

허리를 과하게 꺾으면 안 된다. ✖

**밴드 랫
풀 다운**

1. 도어앵커에 밴드를 걸고, 앉아서 밴드를 잡는다.

호흡

당길 때 내쉰다.
돌아올 때 들이마신다.

2. 양 팔꿈치를 등 뒤로 천천히 당기며 내려준다.

반복
20회씩 5세트

1. 양손을 어깨 넓이만큼 잡는다.

2. 상체를 들어주면서 최고점에서 버틴다.
   최고점에 올라갔을 때 어깨가 으쓱하지 않도록 버틴다.

✖

손등이 보이게끔 잡는다.

호흡

버티면서 자연스럽게 들이쉬고 내쉰다.

반복
10세트

✖ 할 수 있는 만큼 최대한 버틴다.
단, 자세가 무너지지 않는 선에서 버틴다.

악력기 잡기

1. 악력기를 잡는다.

2. 손목이 꺾이지 않게 유지한 상태로 악력기를 꽉 쥐었다 편다.

호흡

호흡을 들이마신 뒤, 쥘 때 호흡을 멈춘다
힘을 다 준 끝에 호흡을 내쉰다.

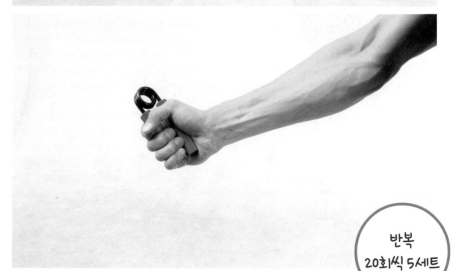

반복
20회씩 5세트

악력기 비티기

1. 악력기를 잡는다.

2. 손목이 꺾이지 않게 유지한 상태로 악력기를 꽉 쥐고 계속 버틴다. 할 수 있는 만큼 최대한 버틴다. 손잡이는 붙은 상태를 유지한다.

호흡

호흡을 들이마신 뒤, 쥘 때 호흡을 멈춘다
힘을 다 준 끝에 호흡을 내쉰다.

반복
10세트

Chapter 6

체력시험 종목별
훈련 방법-6개월 완성

종목별로 주 3회 이상 운동하세요. 운동순서는 마사지&스트레칭→운동입니다. 4장을 보고 마사지와 스트레칭을 한 다음 이 장의 훈련 방법 4~6가지를 선택해서 실행하시면 6개월 안에 체력시험 준비를 할 수 있습니다.

100미터 달리기

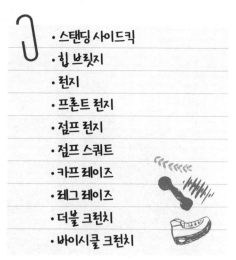

- 스탠딩 사이드킥
- 힙 브릿지
- 런지
- 프론트 런지
- 점프 런지
- 점프 스쿼트
- 카프 레이즈
- 레그 레이즈
- 더블 크런치
- 바이시클 크런치

스탠딩
사이드킥

1. 차렷 자세로 선다.

2. 복부에 살짝 힘을 주고 상체를 최대한 고정한 뒤, 다
   리 한쪽을 펴고 옆으로 올렸다 내려준다.
   중심을 잡기 힘들면 벽을 잡고 동작을 해도 좋다.

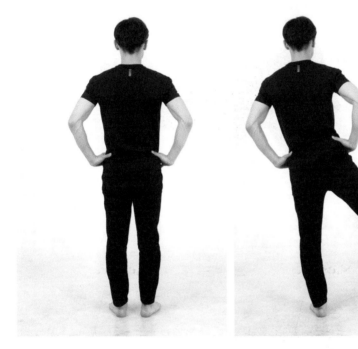

호흡

다리를 올릴 때 내쉰다.
내려올 때 들이마신다.

반복
한쪽당 25회씩
4세트

힙 브릿지

1. 누워서 무릎을 세운 뒤 다리를 어깨 넓이로 벌린다. 발과 무릎의 간격은 같아야 한다.

2. 어깨, 골반, 무릎까지 평행이 되도록 엉덩이를 올려 준다.

호흡

올라갈 때 내쉰다.
내려올 때 들이마신다.

반복
30세트 5세트

허리가 꺾이지 않게 올린다.

1. 다리를 앞뒤로 벌려 선다.

호흡

내려갈 때 들이마신다.
올라올 때 숨을 참고 다 올라왔을 때 내쉰다.

2. 앞에 있는 다리의 무릎 각도가 90도가 되게끔 앉았다 일어난다.
앉았을 때 뒷 무릎이 바닥에 닿지 않도록 한다.

반복
한쪽당 30회씩
3세트

프론트
런지

1. 앞에 있는 다리의 무릎 각도가 90도가 되게끔 앉아
준다.
앉았을 때 뒷 무릎이 바닥에 닿지 않도록 한다.

호흡

내려갈 때 들이마신다.
올라올 때 내쉰다.

2. 뒷 다리를 앞으로 걷듯이 가져오면서 1번 동작처럼 무릎 각도가 90도가 되게끔 앉아준다.

공간이 부족하다면 서 있는 자세에서 한 발씩 앞으로 뻗으면서 런지 자세를 만든 뒤 다시 제자리로 돌아오는 동작을 반복한다.

반복
왕복 40회씩
5세트

점프 런지

1. 다리를 앞뒤로 벌려 선다.

2. 앞에 있는 다리의 무릎 각도가 90도가 되게끔 앉아 준다.
   앉았을 때 뒷 무릎이 바닥에 닿지 않도록 한다.

3. 일어서는 동시에 발이 지면에서 떨어지도록 뛴다.

호흡

내려갈 때 들이마신다.
올라올 때 숨을 참고 다 올라왔을 때 내쉰다.

반복
한쪽당 20회씩
3세트

점프 스쿼트

1. 양다리의 간격을 어깨 넓이만큼 벌린다.
2. 엉덩이를 뒤로 빼듯이 천천히 앉는다.
   앉을 때 허리가 구부러지면 안 된다.

호흡

내려갈 때 들이마신다.
올라올 때 숨을 참고 다 올라왔을 때 숨을 내쉰다.

3. 일어서는 동시에 다리가 지면에서 최대한 많이 떨어지도록 뛴다.

반복
20회씩 5세트

카프 레이즈

1. 다리를 어깨 넓이만큼 벌린 뒤 발 앞부분만 계단에 얹어둔다.

호흡

올릴 때 내쉰다.
내릴 때 들이마신다.

2. 뒤꿈치를 빠르게 들어올렸다가 천천히 내려준다.

반복
20회씩 5세트

1. 누워서 양다리를 펴고 45도를 유지한다.

호흡

다리를 내릴 때 들이마신다.
올릴 때 내쉰다.

2. 45도 기준으로 위 아래로 양다리를 내렸다가 올려준다.
다리가 움직일 때 허리의 움직임이 많으면 안 된다.

반복
20회씩 5세트

더블 크런치

1. 손 머리 깍지를 한 뒤, 양다리는 45도로 뻗어준다.

호흡

무릎과 팔꿈치를 모아줄 때 호흡을 내쉰다.
다리를 뻗어줄 때 들이마신다.

2. 양 팔꿈치와 양 무릎이 닿도록 모아준다.

반복
30회씩 5세트

바이시클 크런치

1. 양손은 머리를 가볍게 잡고 복부를 말아 올려 유지한 뒤, 한쪽 팔꿈치와 반대편 무릎이 만나게 틀어준다.

호흡

자연스럽게 들이쉬고 내쉰다.

2. 이어서 반대로 움직이며 반복한다.

반복
왕복 50회
3세트

1000미터 달리기

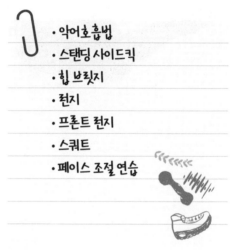

- 악어호흡법
- 스탠딩 사이드킥
- 힙 브릿지
- 런지
- 프론트 런지
- 스쿼트
- 페이스 조절 연습

호흡근 트레이닝 – 횡격막 강화

1. 엎드린 자세에서 이마를 손으로 받쳐준다.

2. 코로 숨을 최대한 크게 들이마신다.

3. 들이마신 숨을 전부 다 길게 내쉰다.

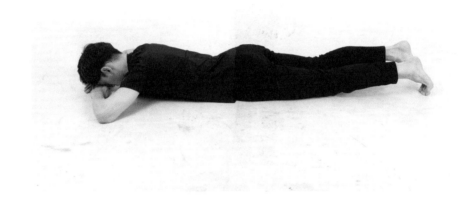

반복
20회씩 3세트

1. 차렷 자세로 선다.

호흡

다리를 올릴 때 내쉰다.
내려올 때 들이마신다.

2. 복부에 살짝 힘을 주고 상체를 최대한 고정한 뒤, 다리 한쪽을 펴고 옆으로 올렸다 내려준다.
   중심을 잡기 힘들면 벽을 잡고 동작을 해도 좋다.

반복
한 쪽당 30회씩
5세트

힙 브릿지

1. 누워서 무릎을 세운 뒤 다리를 어깨 넓이로 벌린다. 발과 무릎의 간격은 같아야 한다.

2. 어깨, 골반, 무릎까지 평행이 되도록 엉덩이를 올려 준다.

호흡

올라갈 때 내쉰다.
내려올 때 들이마신다.

반복
30회 5세트

허리가 꺾이지 않게 올린다.

런지

1. 다리를 앞뒤로 벌려 선다.

호흡

내려갈 때 들이마신다.
올라올 때 숨을 참고 다 올라왔을 때 내쉰다.

2. 앞에 있는 다리의 무릎 각도가 90도가 되게끔 앉았다 일어난다.
   앉았을 때 뒷 무릎이 바닥에 닿지 않도록 한다.

반복
한쪽당 30회씩
3세트

프론트 런지

1. 앞에 있는 다리의 무릎 각도가 90도가 되게끔 앉아준다.
   앉았을 때 뒷 무릎이 바닥에 닿지 않도록 한다.

호흡

내려갈 때 들이마신다.
올라올 때 내쉰다.

2. 뒷 다리를 앞으로 걷듯이 가져오면서 1번 동작처럼 무릎 각도가 90도가
되게끔 앉아준다.

공간이 부족하다면 서 있는 자세에서 한 발씩 앞으로 뻗으면서 런지 자
세를 만든 뒤 다시 제자리로 돌아오는 동작을 반복한다.

반복
왕복 40회씩
5세트

스쿼트

1. 양다리의 간격을 어깨 넓이만큼 벌린다.

호흡

내려갈 때 들이마신다.
올라올 때 숨을 참고 다 올라왔을 때 숨을 내쉰다.

2. 엉덩이를 뒤로 빼듯이 앉았다 일어선다.
앉을 때 허리가 구부러지면 안 된다.

반복
50회씩 4세트

페이스 조절 연습

1. 1000미터는 처음부터 빠르게 뛰면 금방 지쳐버린다.

2. 먼저 자신의 체력 상태와 뛰는 페이스를 아는 게 중요하다.

3. 뛰면서 속도를 조금씩 끌어올리는 것이 이상적이다.

4. 뛸 때 호흡이 제대로 안 된다면 내 페이스보다 너무 빠르다는 것이니, 속도를 조금 줄여서 뛴다.
   호흡이 안정화되면 다시 속도를 조금 높여 뛴다.

윗몸일으키기

- 롤 다운
- 롤 업
- 캣 앤 카우
- 크런치
- 레그 레이즈
- 더블 크런치
- 바이시클 크런치
- 변형 윗몸일으키기
- 윗몸일으키기+팔치기&머리치기+팔꿈치 뽑기

롤 다운

1. 다리를 쭉 펴고 앉는다.
2. 몸을 둥글게 말아주듯이 척추뼈를 요추(허리) - 흉추(등) - 경추(목) 순서로 바닥에 붙여주면서 내려온다. 천천히 내려온다.

호흡

동작을 시작하기 전에 들이마신다.
호흡을 천천히 내쉬면서 내려온다.

반복
15회씩 3세트

롤업

1. 바닥에 눕는다.

2. 몸을 둥글게 말아주듯이 척추뼈를 경추(목) – 흉추
   (등) – 요추(허리) 순서로 바닥에서 떼면서 올라온다.
   반동 없이 올라가야 한다.

동작을 시작하기 전에 들이마신다.
호흡을 천천히 내쉬면서 올라온다.

반복
15회씩 3세트

캣 앤 카우

1. 바닥에 손바닥과 무릎을 댄다.

2. 머리를 아래로 내리면서, 등을 둥글게 말아 올린다.

3. 머리를 위로 올리면서 등을 반대로 내려준다.
  동작은 천천히 수행한다.

호흡

등을 둥글게 말아 올릴 때 들이마신다.
내려줄 때 내쉰다.

반복
20회씩 3세트

크런치

1. 무릎을 세우고 누운 뒤, 손가락으로 머리를 가볍게 들어준다.

호흡

올리면서 내쉰다.
돌아올 때 들이마신다.

2. 복부를 말아주듯이 올려준 뒤, 제자리로 돌아온다.
힘들다고 목을 잡아당기면 안 된다.

반복
50회씩 3세트

레그 레이즈

1. 누워서 양다리를 45도로 들어준다.

호흡

다리를 내릴 때 들이마신다.
올릴 때 내쉰다.

2. 다리를 위아래로 내렸다 올려준다.
   이때 허리가 들리면 안 된다.

반복
30회 3세트

더블 크런치

1. 다리를 45도로 뻗어준 뒤, 손가락으로 머리를 가볍게 들어준다.

호흡

뻗을 때 들이마신다.
당겨주면서 내쉰다.

2. 무릎을 당기면서 동시에 상체를 들어 팔꿈치와 무릎이 닿는 느낌으로 올려준다.

반복
50회 3세트

바이시클 크런치

1. 양손은 머리를 가볍게 잡고 복부를 말아 올려 유지한 뒤, 한쪽 팔꿈치와 반대편 무릎이 만나게 틀어준다.

호흡

자연스럽게 들이쉬고 내쉰다.

2. 이어서 반대로 움직여주며 반복한다.

반복
왕복 50회
5세트

1. 무릎을 세운 뒤, 상체를 45도 각도로 유지한다.

호흡

올릴 때 내쉰다.
내릴 때 들이마신다.

2. 45도 기준으로 상체를 내렸다 올렸다를 짧게 반복한다.

반복
50회 5세트

윗몸일으키기+팔치기& 머리치기+팔꿈치 뽑기

1. 복부의 힘으로 상체를 반 정도 둥글게 들어올리면서 팔꿈치를 뽑아 무릎을 터치한다.

호흡

올릴 때 내쉰다.
내릴 때 들이마신다.

2. 상체를 내릴 때 요추(허리) – 흉추(등) – 머리 순서대로 바닥에 닿아준다. 마지막에 순간적으로 머리와 양팔을 바닥에 튕기듯이 쳐주고 튕겨오르는 반동을 이용해 다시 1번 자세로 이어간다.

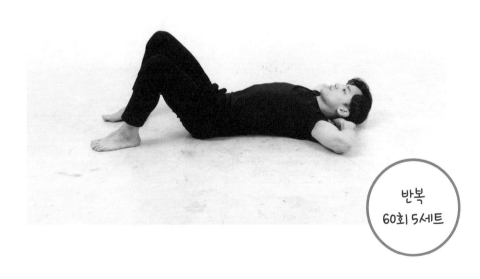

반복
60회 5세트

04

팔굽혀펴기

- 플랭크
- 풀다운 슈퍼맨
- 밴드 랫풀다운
- 풀업 버티기
- 덤벨컬
- 딥스
- 덤벨킥백
- 숄더 프론트 레이즈
- 사이드 레터럴 레이즈
- 푸쉬업

플랭크

1. 어깨와 팔꿈치가 수직이 되도록 유지한 후 다리를 뻗어준다.

반복
3분 이내,
5~10세트

호흡

자연스럽게 들이마신 뒤,
강하게 내쉰다.

머리가 떨어지지 않게 유지한다.

허리가 꺾이지 않게 최대한 유지한다.

 **1.** 바닥에 엎드린 뒤 팔과 다리를 쭉 편다.

당길 때 내쉰다.
돌아올 때 들이마신다.

2. 양 팔꿈치를 등 뒤로 당겨주면서 상체를 살짝 들어준 뒤 제자리. 이때 다리는 고정한다.

반복
20회씩 5세트

허리를 과하게 꺾으면 안 된다. ✖

밴드 랫
풀 다운

1. 도어앵커에 밴드를 걸고, 앉아서 밴드를 잡는다.

호흡

당길 때 내쉰다.
돌아올 때 들이마신다.

2. 양 팔꿈치를 등 뒤로 천천히 당기며 내려준다.

반복
20회씩 5세트

풀업 버티기

1. 양손을 어깨 넓이만큼 잡는다.
2. 상체를 들어주면서 최고점에서 버틴다.
   최고점에 올라갔을 때 어깨가 으쓱하지 않도록 버틴다.

✖

손등이 보이게끔 잡는다.

호흡

버티면서 자연스럽게 들이쉬고 내쉰다.

반복
10세트

❌ 할 수 있는 만큼 최대한 버틴다.
단, 자세가 무너지지 않는 선에서 버틴다.

덤벨 컬

1. 양손으로 덤벨을 잡는다.
2. 팔꿈치를 고정한 뒤, 양팔을 동시에 구부려 올려준다.
3. 제자리로 돌아온다.

호흡

올릴 때 내쉰다.
내릴 때 들이마신다.

반복
30회씩 5세트

딥스

1. 잘 고정된 의자를 잡고 다리를 쭉 뻗어준다.

2. 팔꿈치를 굽히면서 천천히 내려갔다가 다시 제자리로 돌아온다.

호흡

내릴 때 들이마신다.
올릴 때 내쉰다.

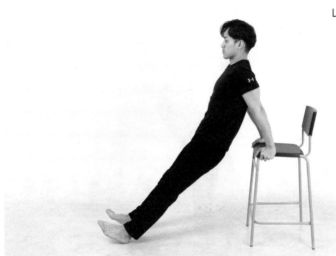

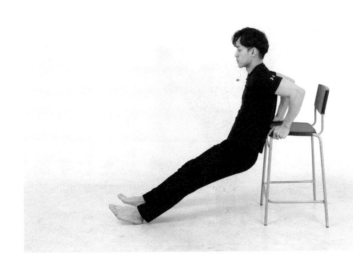

**반복
30회 5세트**

덤벨 킥백

1. 덤벨을 양손으로 잡고 허리를 편 상태에서 살짝 숙여준다.

2. 양손을 동시에 펴주면서 살짝 버텨준다.

3. 제자리로 돌아온다.

반복
20회씩 5세트

호흡

뻗을 때 내쉰다.
내릴 때 들이마신다.

솔더 프론트 레이즈

1. 덤벨을 잡고 손등이 앞을 향하도록 선다.
   너무 무겁지 않은 덤벨을 사용한다.

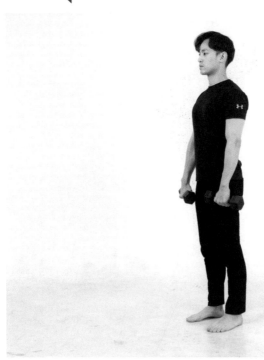

호흡

올릴 때 내쉰다.
내릴 때 들이마신다.

2. 손이 어깨 높이까지 오도록 덤벨을 들어준다.
   손등이 하늘을 향해야 한다.

반복
30회 4세트

사이드 래터 럴레이즈

1. 덤벨을 잡고 차렷 자세로 선다.

2. 어깨 라인까지 팔을 양옆으로 들어올렸다 제자리로 돌아온다.

호흡

올릴 때 내쉰다.
내릴 때 들이마신다.

반복
20회씩 5세트

푸쉬업

1. 팔을 펴고 바닥과 수직을 유지한 후, 다리를 뻗어준다. 이때 손을 어깨보다 넓게 짚어준다.

2. 가슴을 바닥에 가져다 주듯이 천천히 내려간다.

3. 손바닥으로 바닥을 밀 듯이 상체를 올려준다.

반복
50회씩 5세트

호흡

내려갈 때 들이마신다.
올라올 때 숨을 참아놓고, 다 올라왔을 때 내쉰다.

05

악력테스트

- 풀다운 슈퍼맨
- 밴드 랫풀다운
- 풀업 버티기
- 악력기 잡기
- 악력기 버티기
- 덤벨컬
- 딥스
- 덤벨킥백
- 사이드 레터럴 레이즈
- 추 감기

풀다운 슈퍼맨

1. 바닥에 엎드린 뒤 팔과 다리를 쭉 편다.

2. 양 팔꿈치를 등 뒤로 당겨주면서 상체를 살짝 들어 준 뒤 제자리. 이때 다리는 고정한다.

반복
20회씩 5세트

호흡

당길 때 내쉰다.
돌아올 때 들이마신다.

허리를 과하게 꺾으면 안 된다. ✖

밴드 랫 풀다운

1. 도어앵커에 밴드를 걸고, 앉아서 밴드를 잡는다.

호흡

당길 때 내쉰다.
돌아올 때 들이마신다.

2. 양 팔꿈치를 등 뒤로 당기며 내려준다.

반복
20회씩 5세트

풀업 버티기

1. 양손을 어깨 넓이만큼 잡는다.

2. 상체를 들어주면서 최고점에서 버틴다.
   최고점에 올라갔을 때 어깨가 으쓱하지 않도록 버틴다.

✖
손등이 보이게끔 잡는다
(오버그립).

호흡

버티면서 자연스럽게 들이쉬고 내쉰다.

반복
10세트

✖ 할 수 있는 만큼 최대한 버틴다.
단, 자세가 무너지지 않는 선에서 버틴다.

악력기 잡기

1. 악력기를 잡는다.

2. 손목이 꺾이지 않게 유지한 상태로 악력기를 꽉 쥐었다 편다.

호흡

호흡을 들이마신 뒤, 쥘 때 호흡을 멈춘다
힘을 다 준 끝에 호흡을 내쉰다.

반복
20회씩 5세트

악력기 비틀기

1. 악력기를 잡는다.

2. 손목이 꺾이지 않게 유지한 상태로 악력기를 꽉 쥐어서 계속 버틴다. 할 수 있는 만큼 최대한 버틴다. 손잡이가 붙은 상태 유지

호흡

호흡을 들이마신 뒤, 쥘 때 호흡을 멈춘다
힘을 다 준 끝에 호흡을 내쉰다.

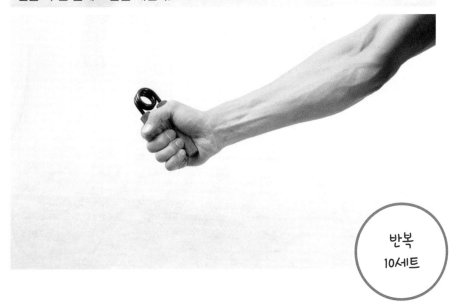

반복
10세트

덤벨 컬

1. 양손으로 덤벨을 잡는다.
2. 팔꿈치를 고정한 뒤, 양팔을 동시에 구부려 올려준다.
3. 제자리로 돌아온다.

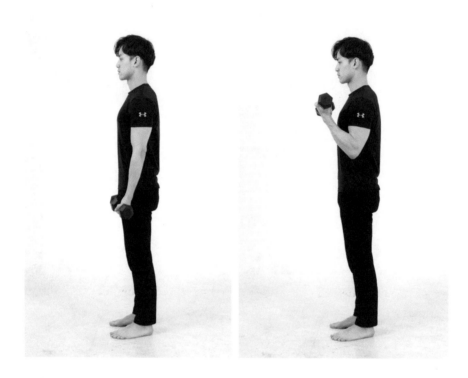

호흡

올릴 때 내쉰다.
내릴 때 들이마신다.

반복
20회씩 5세트

딥스

1. 잘 고정된 의자를 잡고 다리를 쭉 뻗어준다.

2. 팔꿈치를 굽히면서 천천히 내려갔다가 다시 제자리로 돌아온다.

호흡

내릴 때 들이마신다.
올릴 때 내쉰다.

반복
30회 5세트

**덤벨
킥백**

1. 덤벨을 양손으로 잡고 허리를 편 상태에서 살짝 숙여준다.

2. 양손을 동시에 펴주면서 살짝 버텨준다.

3. 제자리로 돌아온다.

반복
20회씩 5세트

뻗을 때 내쉰다.
내릴 때 들이마신다.

사이드 래터 럴 레이즈

1. 덤벨을 잡고 차렷 자세로 선다.

호흡

올릴 때 내쉰다.
내릴 때 들이마신다.

2. 어깨 라인까지 팔을 양옆으로 들어올렸다 제자리로 돌아온다.

반복
20회씩 5세트

추 감기

1. 막대를 잡고 팔을 펴서 어깨 높이까지 올려준다.

자연스럽게 들이쉬고 내쉰다.

2. 자세를 유지한 상태로 양손 번갈아 가면서 감아준다.

반복
5~10회
감았다 풀기